Luis y su nuevo colegio

María José Zenteno Villablanca

Ilustrado por Chuy Gachuzo

EDIQUID

Luis y su nuevo colegio
© María José Zenteno Villablanca

Editado por: Corporación Ígneo, S.A.C.
para su sello editorial Ediquid
José Olaya 169, Ofic. 504, Miraflores. Lima, Perú
Primera edición, abril, 2025

ISBN: 978-956-6404-25-5
Impresión bajo demanda

Se terminó de imprimir en abril del 2025 en:
ALEPH IMPRESIONES SRL
Jr. Risso Nro. 580 Lince, Lima

www.grupoigneo.com
Correo electrónico: contacto@grupoigneo.com | Teléfono: +51 955 071 270
Facebook: Grupo Ígneo | X: @editorialigneo | Instagram: @grupoigneo

Colección: Infantil

Hola a todos, ¡soy Luis! Vengo de Marte porque mis padres decidieron venir a vivir al planeta Tierra, donde todo es muy hermoso...

Veo luces, sombras, hay ruidos muy extraños y llamativos; algunos me gustan mucho y otros me desagradan.

Mis padres me dicen que, como ya tengo 4 años, debo ir a un colegio.

No entiendo mucho lo que me dicen porque, por alguna razón, yo soy verde, pero mis padres son azules y nuestro sistema de comunicación no es el mismo.

A ellos les gusta hablar, pero a mí me gusta conectarme con la mente de las personas, por lo que no siempre nos podemos entender de la misma manera.

Además, me gusta pensar todo el tiempo en mis animales favoritos, por lo que el resto de las cosas no importan mucho, y eso hace que me cueste entender ciertos códigos terrestres.

A veces, me pregunto a qué se refieren con la palabra «colegio». No entiendo mucho el concepto, pero mi madre me muestra una foto de una sala llena de niños y ahora entiendo, ¡es tan básico! Ir al colegio es para aprender cosas nuevas y relacionarme con otros niños terrestres. Si mi madre me hubiera mostrado la imagen antes, le hubiera entendido de inmediato, ja, ja, ja.

Un día por la mañana, mis padres me despertaron y

me dijeron que había llegado un día muy especial: mi primer día de clases. Mi nueva escuela se llama Colegio El Bosque; es un nombre bonito. Al principio, pensé que estaría ubicada en un bosque, pero cuando llegué, solo vi mucha tierra y cemento, así que no entiendo por qué se llama así.

Estaba muy emocionado cuando mis padres me llevaron

al primer día de clases. Me gustó mucho el colegio porque, al llegar, fui recibido por una terrestre con forma
de «i» que me trató muy bien y con amor.

También me llamó la atención su cabello largo;
siempre me fijo en el pelo de las personas, me gusta
su textura y el olor a champú.

Cuando entré a mi salón, me encantaron los colores

de las mesas, los juguetes y la plastilina para jugar. La profesora de verde es muy simpática, y la profesora de azul me gusta mucho porque me entiende y hace todo lo posible para que yo me sienta cómodo.

A veces siento que nadie me comprende o puede comunicarse conmigo, pero yo los entiendo perfecta-

mente a ellos porque lo observo todo. Soy como un búho y, con mi mente, tomo una fotografía de todos los lugares a donde voy, por eso nada se me olvida.

El gran problema es que, en este planeta, todos buscan comunicarse mediante palabras, mirando a los ojos y con gestos extraños, y yo no entiendo eso porque me gusta comunicarme de forma telepática; así es mucho más sencillo. También me gusta hacer ruidos con mi boca y aletear, aún no entiendo por qué siempre me dicen que baje el volumen de mis ruidos si la idea es que se escuchen y es mi forma de comunicación.

El otro día jugué con mis compañeros, lo cual disfruto mucho, aunque no comprendo completamente las reglas del juego. Me gusta observarlos y compartir con ellos. Me encanta correr paralelamente a los niños o alrededor de ellos, sentarme a su lado y disfrutar de su compañía. A veces me aburro rápidamente y dejo de jugar, pero así soy yo.

En ocasiones, prefiero observar mis manos o las luces alrededor del sol, lo que puede hacer que parezca ausente o que simplemente no respondo.

Pero en realidad estoy viendo las cosas desde una perspectiva diferente y solo estar junto a mis compa-

ñeros y amigos me hace feliz.

Cuando estoy contento, muevo mis manos imitando a un grillo, algo que disfruto mucho, ya que me hace sentir bien y liberar la energía acumulada en mi cuerpo. ¡Es como una descarga eléctrica de felicidad!

Mi colegio es muy acogedor; cuando llego, todos me reciben con una gran sonrisa y me miman mucho. En algunas ocasiones, un grupo de hadas viene a buscarme. Ellas me ayudan a comunicarme de manera terrestre y a realizar tareas mundanas, aunque sigo pensando que los marcianos no necesitamos comunicarnos tanto mediante la voz ni realizar tareas tan básicas. Sin embargo, les complaceré en eso.

¡El otro día tuve una idea genial! Quería comunicarme mucho mejor con mis compañeros y hacerlos reír, así que como soy un comediante natural, decidí orinar

24

en la esquina de mi sala.

Pensé que sería muy divertido y que sería la sensación del curso. Así que fui a la esquina de mi salita y me puse a hacer pipí. Me pareció tan gracioso que

me dio mucha risa. Seguro que todos están riéndose mucho, ja, ja, ja, ja, ja. Pero justo en ese momento, vi a la tía de azul y de verde que me decían que eso no se hacía y que debía ir al baño. Así que ahí quedó mi broma del siglo. Tendré que pensar en una mejor y más detallada para hacer reír a mis compañeros.

La verdad es que soy muy feliz aquí. Me encanta mi colegio y mi salita, especialmente porque el baño está dentro de ella. Para mí eso es genial, ya que me gusta tirar plastilina en la taza y ver cómo sube el agua. Me gusta ver a mis compañeros jugar y tener plastilinas y temperas para crear nuevos mundos.

Me agrada el cariño de la gente que está aquí, sobre todo porque soy un observador innato y me he dado cuenta de que en este colegio aceptan a personas de

muchos planetas. Yo vengo de Marte, pero también he visto niños de Venus, Mercurio, Saturno y de la Luna, y a todos se les recibe con mucho amor y dedicación. Nos ayudan a aprender habilidades terrenales y a conectarnos con este mundo. Eso es muy importante para mí, porque no todos somos iguales y no todos nos comunicamos de la misma manera.

He visto niños de muchos colores y adultos de muchas formas, pero lo importante es que debemos aceptar la diversidad e incluir a todos los niños y niñas, porque un mundo de un solo color no es hermoso, ¡es gris y muy fome!

Pero un mundo lleno de colores y formas nos ayuda a ser mejores personas y a aceptar a todo tipo de extraterrestres o terrestres con habilidades especiales.

Por eso, cuando veo mi colegio, me siento feliz. Me gusta mi curso y mis amigos, porque yo quiero a mis compañeros. Para mí, son mis amigos terrenales, aunque no siempre nos comuniquemos de la misma manera. Siempre los llevaré en mi corazón.

Lecturas recomendadas

JÓTANY MORILLO
DANIELLA VILLANUEVA
El buhito
que quería ser
astronauta
EDIQUID

El buhito que quería ser astronauta (Jótany Morillo)

El buhito que quería ser astronauta narra la historia de Timmy, un búho con un sueño ambicioso: ser el primer buhito en pisar la luna. Junto al apoyo de sus padres y sus dos hermanos, Toto y Beto, Timmy entenderá el valor de la perseverancia y que no hay sueño imposible cuando pones tu mente y corazón en ello.

Este libro es una gran opción para los padres que deseen inspirar a sus hijos a seguir sus propias pasiones y sueños, mientras se divierten con la emocionante historia de un búho aventurero. Además, la historia también fomenta la curiosidad y el interés por la ciencia y el espacio exterior.

Potsi descubre el mundo de las emociones
Monserrat Carrera Basagoiti
EDIQUID

Potsi descubre el mundo de las emociones (Monserrat Carrera)

Este libro infantil, concebido como el primero de una serie, es un trabajo muy sentido por parte de su autora, quien, inspirada en su hijo, decidió crear una obra en la que se explorara no solo qué son las emociones, sino también las sensaciones físicas asociadas a ellas y la validez de expresarlas.

Para ello se sirve de dos personajes: Potsi, un pequeño extraterrestre que se queda varado en la Tierra, y José Pablo, un niño humano que coincide con Potsi y quien es su guía en su camino de descubrimiento de las emociones humanas.

Clarisa y el Universo de todas las Emociones

Carolina Díaz

Ilustraciones
Chuy Gachuzo

EDIQUID

Clarisa y el Universo de todas las Emociones (Carolina Díaz)

Clarisa es una niña de 6 años a la que le encanta jugar con sus amigos, pasar tiempo con su familia y su mascota, e inventar nuevas palabras. Su sueño es hacer un diccionario con una nueva lengua algún día.

Sin embargo, es precisamente su creatividad y el uso de una palabra nueva y mágica la que le abrió la puerta a un mundo de fantasía en donde todos los seres están bañados en distintos colores: el rojo, el azul, el rosado... ¡Todos, todos los colores! Pero ¿por qué?

En este viaje, Clarisa entiende que está en el Universo de todas las Emociones, un lugar en donde cualquier ser del planeta (niños, adultos, animales, plantas) puede descubrir los colores que se hallan en su corazón.

9 789566 404255